嘹亮

文字

身

影

人文風景

桃園作家

日常

主編／謝鴻文

編序　散步聊出來的書

一、

以《湖濱散記》聞名的作家亨利・梭羅，寫出了一種隱在山林水澤畔生活，融於自然，再從自然奧祕中思索人生，哲理遂如草原上的野花一一冒現。許多作家愛散步、愛自然、愛從旅行中與人接觸，與風景人文相映中得到靈思而書寫。

跟隨作家日常生活行跡，也有助於我們理解一個作家的物質與心靈世界。如果看見作家在旅途路上行走，在居家附近優遊漫步，或者正在一間餐廳用餐，種種驚喜的相遇，對於讀者而言，旁觀之際還能預先想像作家下一篇創作的風景，該是多麼有趣！

又或者，當一個作家走出書房書桌的伏案勞形，身在市井擾嚷的菜市場裡，在咖啡館裡閒坐讀書思考，在戶外運動飆汗，在許多文學活動中流動，或者與文友的相談歡聚，與小孩或動物玩樂……卸下作家的身分，每個人終究是一個活活潑潑的人，親切可感，不再是只靠文字與讀者溝通的遙遠距離。現在的作家很少會像張愛玲那般神祕了，作家的生活氣息，透過影像感知其與文字同或不同的韻味，是另一種有意思的閱讀。

受臉書流行影響，許多作家早已開始使用臉書與讀者互動交流，可以常常看見作家的日常身影曝光，但是編成一本書意義還是不一樣。臺灣出版史上，曾有爾雅出版的徐宏義《作家的影像》等書的紀錄，倘若我們也能編一本桃園作家的影像書，表現出桃園作家的風情與活力，出版之後，所有的文與圖不僅有助於民眾更加認識桃園作家，也能提供未來桃園文學館研究或展覽之用，可謂一舉多得。

編這本書，其實是一群作家們散步聊出來的點子。2020 年 2 月間，包括林文義、林央敏、向鴻全、許水

富、莊華堂、陳銘磻、劉正偉和我，一起和桃園市政府文化局局長莊秀美、文創影視科科長陳瑋鴻等一行人，去楊梅富岡探勘去年桃園地景藝術節留下的地景藝術和埤塘風光，由於今年將於富岡舉辦鐵道藝術節，我們的任務就是用作家之眼去描寫富岡之美，作為鐵道藝術節的文學表現。

那日天青氣和，惠風曉暢，富岡火車站外的櫻花正舒蕊開放。新冠肺炎疫情蔓延中，我們都在身心安好的狀態下，有種被關禁許久後放風的感覺，盡情地從富岡老街散步開始看老宅，再走遠一點去看埤塘、運動公園，欣賞一個個裝置藝術如何和自然土地的相融對話，最後走進台鐵富岡車輛基地裡，看一座奇妙特異的火車車廂改建的土地公廟，以祈福終結行程。

作家們談笑聊天之間，圍著景物、文學、時事，甚至一些些文壇八卦，還有更多對於桃園文學發展的未來想像。我們共同期待著已經規畫建設中的桃園文學館誕生，聊著聊著，便聊出編這本書的想法，承蒙幾位前輩厚愛囑託我來編輯此書，我不敢堆辭，自當努力以赴不負所託。

二、

這本書最初構想收錄 52 位作家，代表一年 52 星期，也象徵一個作家輪值一週，使我們日日有文學相依相伴。但理想與現實常常衝突，礙於書籍印刷經費有限無法容納那麼多篇幅，加上一些作家因為某些原因無法參與，最後便是呈現在各位眼前的 37 位。無法收錄在此書的作家，對於他們在創作上的努力堅持與開創，我也在這致上敬意。無法參與的作家中，最讓人心疼不捨的是詩人丁文智，這些年身體有恙，近來更因眼疾完全無法寫作讀書，無力搜尋提供照片，年邁的老詩人在電話中說得語氣哀戚感嘆，我想去幫忙整理照片也被婉謝了，他的缺席有遺憾，謹在此深深地祝福他安康。

能夠為資深作家前輩多做一點事，留存他們的身影，見證他們在寫作的成就，絕對可以激勵我們後輩。不過，此書編選著眼於「當下此刻」，因此像林鍾隆、杜潘芳格、傅林統等傑出的已故作家就不收錄；然而在收稿期間，5 月 16 日突聞鍾肇政在睡夢中安詳辭世的震撼消息，鍾肇政長子鍾延威先生在治喪中，仍按之前的約定協助鍾老寄來照片，謝謝延威先生的重諾與襄助，來不及感謝並將此書獻給鍾老，但他燈下寫作校稿的動人身影，以及他壯闊的文學思想與創作世界，會在這本書裡恆常陪伴我們，照亮我們的精神。

「當下此刻」既然是邀請門檻，還有另一個標準是選近幾年內仍有創作問世，仍有參與文學活動，尚未封筆的作家。最後這 37 位作家身影，涵蓋老中青三代，成人文學與兒童文學兼備，畢竟桃園的兒童文學一直是臺灣兒童文學史上發展的重鎮，過去曾創下許多臺灣第一的紀錄，留下無數豐富的文學資產。特別值得一提的是林世仁，4 月剛搬到中壢青埔定居，成為桃園的新住民，有這位四屆金鼎獎得主，優秀的兒童文學作家加入，「桃園隊」陣容更加華麗多姿。

而文學薪火需要代代相傳，對於有潛力的新生代作家，我也刻意保留了幾席，選了游書珣和陳少兩位年輕詩人，期許新生代的作家能向鍾肇政這些資深前輩看齊，持續為臺灣文學的壯大耕耘，持續壯實桃園的文學實力！

三、

被喻為二十世紀最偉大的法國攝影師亨利・卡蒂耶－布列松（Henri Cartier-Bresson）曾說：「世間的每一個瞬間都有其決定性的意義，一張攝影傑作必須要捕捉到這個瞬間……。」這本作家影像書，雖然不是由單一攝影師掌鏡拍攝的攝影集，可是從不同的人拍攝的照片看出多種風格組成，如拼布集錦，花色斑斕。

更重要的是讀者的閱讀眼光，不也像一臺相機或手機，唯有去發現與察覺想像那個拍攝瞬間的意義，找到與作家相印的頻道，也許是從眼神、微笑或姿勢中都好，進而願意去追尋作家的書籍，從影像返回文字的閱讀，讓文字銘於心，浸在文學的感動裡，給生命某時某刻充注需要的智慧、勇氣和動力。

最後，也願您跟這群桃園作家一起守護，讓文學持續在桃園蔚然成林，草木蓁盛。

謝鴻文

目次

目次

于小鷺

本名徐銘宏，插畫工作室在桃園龍潭。著有《畫說寶春姐的雜貨店》一書，獨立出版圖文 ZINE《今天好美》、《杯子》。曾獲金鼎獎最佳圖書插畫獎，入圍 2015 年義大利波隆那兒童書插畫展。

在龍潭的工作室畫圖。

2015 年 4 月與薛慧瑩參加義大利波隆那兒童書插畫展。

2018 年於晴耕雨讀小書院舉辦《畫説寶春姐的雜貨店》新書分享會。

走出戶外望一望天空，做一下護眼運動。

白 家華

曾任耕莘青年寫作會理事，國中、國小作文班資深教師。「新陸現代詩誌」詩社同仁。作品曾獲吳濁流文學獎、全國優秀詩人獎等，並收錄於各重要選集中。出版有《流雲集 Drifting Clouds》、《世界集 Worlds》中英對照詩集。

2005年教師節，陪同黃金仲醫師（左二）遊桃園石門水庫。黃醫師曾贊助白家華出版詩集《一百首愛的詩歌》。

世代再創造

從小就有「文武雙全」的理念，朝這個方向自我教育，練習武術，常到戶外拉筋且練練身手。

2018 年 9 月 17 日在台南錄製「非讀不可台南愛讀冊」節目。

2020 年 1 月 8 日在中原大學華語中心擔任華文教師研習班講師。

文青

2019 年 12 月 11 日桃園市 108 年度兒童文學獎頒獎典禮。

省立花蓮師專、國立新竹師院畢，在小學
服務卅一年退休，目前專職兒童文學創作，
曾獲金鼎獎入圍、國立編譯館人權教育優
良圖書獎、九歌現代少兒文學獎、好書大
家讀年度好書等獎項，著有兒童文學書籍
一百卅餘本。

余遠炫

到龍潭看魯冰花。

邀請多啦 A 夢配音員陳美貞，與中央大學同學分享配音工作與聲音表演。

我不擁有，我只能珍惜

中壢地區的客家子弟，從事新聞工作，努力觀察人生。喜歡閱讀推理小說、迷戀歷史與文物，並創作兒童文學作品，從小就編織著行俠仗義的夢，希望這個夢築夢踏實，而不要夢醒時分啊。著有《春秋爭霸》、《落鼻祖師》等書。

與家人到大溪慈湖一遊。

與金鐘獎主持人吳奕蓉（左一）以及學生在中大客家學院合影。

向

·鴻全

極少拍照，但在日本某庭園中，被綠意包圍比較有安全感。

宋雅姿

臺灣桃園人，中央大學中文研究所博士，現任教於中原大學。作品曾獲聯合報文學獎等數種，
著有散文集《借來的時光》，編有《臺灣科幻小說選》、《當代散文選讀》。

 為法國插畫家桑貝的《簡單，不簡單》出版所舉辦的發表會，由黃春明（右一）主講，張大春（右二）
主持。

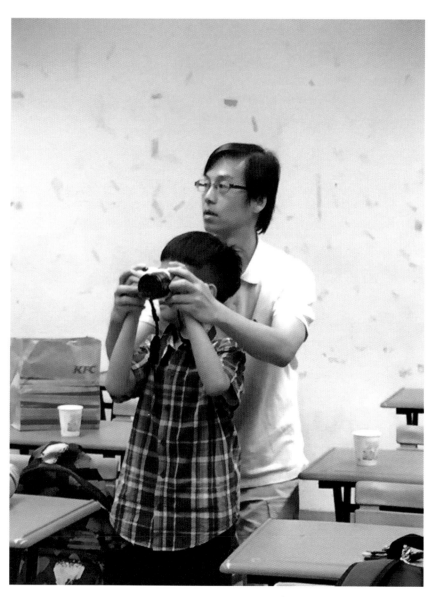

教孩子使用相機的瞬間。

邱 傑

冬天的加拿大生活。

本名邱晞傑，臺灣桃園人，曾任職媒體 25 年，退休後出任桃園文化基金會執行長、總編輯、文化部文化資產局顧問、桃園縣兒童文學協會創會理事長等職。出版作品 98 種，海內外各類型藝術作品個展 49 次。

和兩位恩師傅林統（前排左一）、林鍾隆（前排左二）與文友攝 2002 年 7 月桃園書展之桃園兒童文學館。

在新屋白石莊和兒女與孫輩合影。

事好說

林世仁

文化大學藝術研究所碩士，專職童書作家。以童話《小麻煩》、《流星沒有耳朵》、《我的故宮欣賞書》和《小師父大徒弟：尋找心的魔法》，四度榮獲金鼎獎。其他作品有「字的童話」系列；童詩《誰在床下養了一朵雲？》等五十餘冊。

2017 年在漢聲老同事開的浮光書店留影。

讀書○正好

2020 年 4 月 5 日入厝青埔，在新書桌前開始新創作，背後是最愛的黑膠唱片。

「與作家有約」是與小朋友的聯結，2016 年 4 月 13 日在大園溪海國小。

林央敏

台灣本土作家。

畢業於省立嘉義師專、輔仁大學中文系。畢業後，曾任國小教師、台語文推展協會會長。現專職寫作。曾獲聯合報散文獎、巫永福評論獎等。著有詩、散文、小說等三十餘冊，其中《胭脂淚》是台語文學第一部史詩。

我在1987年以前

2019 年 4 月 21 日，公視專題節目「頂真人物」首播「用心寫臺灣的作家——林央敏」專輯的畫面。（照片提供：林蒼鬱）。

臺灣

2018 年 12 月 8 日，參加新竹尖石鄉「青蛙石詩路」落成典禮。
左起：詩人劉正偉、林秀蓉、賴思方、陳思涵、許水富。

於嘉義中正大學校園，在背著林
央敏詩句的水牛石雕旁留影。

故事

2017 年 11 月 4 日，與向陽（右一）、路寒袖（右二）、李敏勇（左一）等詩人出席小説家黃春明（左四）主持的宜蘭「悦聽文學」之詩歌晚會，晚會前在礁溪老爺酒店留影。

春天是這樣的
不稀罕
　　把十二個月的時光
插在
　　　各家的門口

2018 年 2 月在平鎮晶麒莊園咖啡廳的花牆前。（羅安達攝影）

林茵

本名林淑珍，退休教育工作者，現為乾坤詩刊社社長，台東大學兒文所畢業，天津師大比較文學博士班肄業。作品包括兒童文學、現代詩、科幻文學等。已出版《旭星燦爛》、《黑夜裡的小精靈》、《詩精靈的化妝舞會》、《小島阿依達》等。

與兒童詩人林世仁、山鷹和謝鴻文每年秋天「四人詩聚」聚會，2019 年 9 月 29 日在台北半畝園。

3.

亮光

2017 年 5 月 31 日和乾坤詩刊社創辦人藍雲（前排右一）及詩人林煥彰（前排右二）、
大蒙（前排右三）、季閒（後排右一）在台北二二八人文咖啡館。

詩人

閱讀成為一種風景。

福建金門人，國立臺灣師範大學藝術學院畢，國立臺灣師範大學美術研究所結業。詩書畫作品在台北、桃園、金門等地展出多次，獲日本國際書藝大賽獎七次。文學創作曾獲 2014 年華人世界冰心文學獎第二名、入選《新詩三百首百年新編：臺灣篇》等，著有廣告書籍八冊、詩集《叫醒私密痛覺》等十六冊。

與文友合影。

與文友合影。

詩人、出版人、藝術家。曾獲多種文學獎項及雜誌編輯金鼎獎,現為有鹿文化社長。著有散文《創作的型錄》等;詩集《我的強迫症》等多冊。2018 年 3 月,《你的靈魂是我累世的眼睛:書寫觀音書寫詩 · 許悔之手墨展》在台北敦煌藝術中心展出。2019 年 3 月,《以此筆墨法供養》在佛光緣美術館總館展出。

許悔之

我向你合掌

有一世我哀傷的時候

你給過我

溫暖而慈悲的眼神

自己的詩作

〈合掌〉中的句子

生生世世無量劫中

与君有緣

晨心合掌

許悔之

二○一七

2017 街頭噴漆行動。(林煜幃攝影)

2018 年 5 月紀州庵駐館作家開幕活動。（林煜幃攝影）

與作家林文月合影。（林煜幃攝影）

讚！馬禮臣

2018 年 8 月 30 日攝於家鄉橫崗背的田園。

2018 年 8 月 27 日桃園市兒童文學館作家作品展「橫崗背的大孩子」開幕，文化局長莊秀美頒發獎狀。

獎

2015 年 6 月 29 日獲客家貢獻獎，客委會主委劉慶中頒獎。

1949 年生，世居桃園龍潭，新竹師範學院畢業，曾任國民小學教師、主任三十四年，2001 年自教職退休。著有少兒散文集、兒歌集及客語童謠集等多冊。曾獲文化部金鼎獎、客委會客家貢獻獎等。

2016 年 8 月 3 日於福州參加第三屆海峽兩岸青年作家筆會。（范楊松攝影）

從事插畫和繪本創作，在大學兼課和大朋友們討論繪本創作經驗，曾在中壢圖書館説故事給小朋友和家長聽，分享閱讀的樂趣。在家工作多年，享受創作上的自由，喜歡接觸不同的題裁，嘗試使用不同的材料和技法來創作。著有《鹽山》、《鮭魚大王》等書。

施政廷

在工作室創作。

說故事的人

說完故事小朋友回饋可愛的作品。

作品入選波隆那插畫展。

桃園縣新屋人，客籍小説家、地方文史工作者、紀錄片、舞台劇編導。曾擔任公視委製紀錄片編劇、導演及主持人。曾得巫永福文學獎小説正獎、國家文學館長篇小説金典獎等。現任台客文化協會常務理事，台客演詩劇團藝術總監。著有短篇小説集《大水柴》，長篇歷史小説《巴賽風雲》、《水鄉》等。

莊華堂

我們的巨大影子
將成一幻影。

2019 年春節時間帶家人出遊到日月潭伊達邵怪獸船屋過一夜，第 2 天船屋主人賴思方駕船送...

2015 年於台北齊東詩舍參加李喬專題演講會，左起：遠景出版社發行人葉麗晴、李喬、歷史學者周婉窈。

2018 年台客劇團在中壢中央公園演出《煤》。

恩怨情仇

• 陳少

2019 年行旅花蓮太魯閣，從得卡倫步道爬山，來到大禮部落的禮拜堂。

風中的孩子
吹脹了心頭的紅氣球

2015 年行旅南太平洋島國薩摩亞，到 Tafua 的小學參觀，和學生們拍下合照。

臺北教育大學語創所畢業，浪跡過薩摩亞、萬那杜。著有詩集《被黑洞吻過的殘骸》、《只剩下海可以相信》。得過林榮三文學獎、文化部青年創作補助、紅樓詩社出版贊助，入選《2019 臺灣詩選》、《臺灣文譯》。

2016 年 3 月 24 日，在中壢瑯嬛書屋，參與講座「詩總是陪我一起對抗世界」，前排左一：主持人元智大學通識中心陳巍仁教授。

陳銘磻

旅行日本三重伊勢神宮。

by 作家

美 離你很近

現專職寫作。曾任電影《香火》編劇、耕莘寫作會主任導師、救國團復興文藝營駐隊導師、大愛電視台〈發現〉節目主持人等職。獲二〇〇九年新竹市名人錄。以〈最後一把番刀〉獲中國時報報導文學優等獎。曾獲金鼎獎最佳出版獎。著作：《賣血人》、《國門之都》、《木藝師游禮海》、《大漢溪紀行》等 113 部。

在大阪與京都之間的電車。

與桃園市長鄭文燦、兒童文學作家傅林統校長，拍攝推廣閱讀影片。

【陳謙】

2019 年於日本松山城旅次。

本名陳文成，1968 年生於桃園縣復興鄉澤仁村，現居平鎮區。佛光大學文學博士，南華大學出版管理碩士，現服務於台北教育大學語文與創作學系。創作範疇計有詩集、短篇小說集、散文集、文學評論等十六種。

地景

以書為媒介 開啓和在地人的對話

2010 年擔任葉紅詩獎召集人，與其他評審合照，
前排右起：白家華、顧蕙倩、李癸雲。

撫觸靈魂 ● 葉莎

本名劉文媛，桃園龍潭人，乾坤詩刊總編輯。得過桐花文學獎，臺灣詩學小詩獎，DCC 杯全球華語大獎賽優秀獎，2018 詩歌界圓桌獎 。個人詩集《伐夢》、《人間》、《時空留痕》、《葉莎截句》、《陌鹿相逢》、《七月》、《幻所幻截句》。

● 城外

2013 年 10 月 25 日參加新加坡國際詩歌交流，與新加坡詩人李南子合影。

吟遊詩人。

2018 年 4 月 29 日客家女聲在苗栗獅潭表演。

當寫作成為
生命的一部分 ●葉桑

在咖啡館創作日常。

文青時代參加桃園縣第
二屆散文創作獎和第五
屆文藝創作獎的獎座。

● ● 文化

本名陳昭明。面目可憎,四肢不勤;
言語乏味,草野匹夫。唯有赤子之
心,玲瓏剔透,不染塵埃。愛詩,卻
不會寫詩。散文,訴人間之情、寫啼
笑人生。小說,只能記錄無奈的恩
怨情仇,想像愛慾糾葛的犯罪故事。

參加「桃園閩南語詩會:台客詩畫展」。

● 菩提

走1條自己的路

本名提曰品，1931 年生，籍貫河北青縣。1950 年 6 月來臺後在軍中服役多年，曾任《軍民一家》雜誌主編及「軍友社」專員。退休後，專事寫作。曾獲國軍新文藝金像獎。代表作有《菩提自選集》等。

造訪金門陶瓷廠。

城裡是聲音

是_雨　　是朦朧中擁抱的　　名字

在自家屋頂花園。

和詩友蓉子、羅門合影。

彭素華

個人獨照。

著有《紅眼巨人》《當豬頭同在一起》《三號坑
道的騙局》《遇見莫那‧魯道》《赤腳的日子》
《琉璃拼圖》《穿越時空的靈魂》等少年小説。
曾獲九歌現代少兒文學獎、中國大白鯨奇幻兒童
文學獎、桃園兒童文學獎、2016 與 2017 台北兒
童藝術節兒童劇本徵選獎。

應邀參加校園「作家有約」活動，在蘆竹大華國小。

閱讀 黃秋芳

向有光的地方走去！是一生的
信念。只要有一扇窗可以靜靜
閱讀，就是幸福人生。

台大中文系、台東大學兒文所。出版有短篇小説《我的故事你愛聽嗎？》《華印有兩個女人》；傳記《鍾肇政的臺灣塑像》；族群隨筆《臺灣客家生活紀事》；童話《床母娘珠珠》、「崑崙山」三部曲；少年小説「向有光的地方走去」三部曲；兒童文學研究論述《兒童文學的遊戲性》等書。

移居桃園，一路受鍾肇政先生提攜，讀書寫作書法電影，成為我們記憶的日常。

記憶莊日

從 1990 年成立「黃秋芳創作坊」至今，半生的故事如年年寫個春聯隨歲月褪色。

黃娟

1934 年生，本名黃瑞娟，桃園楊梅人。1960 年代開始小説創作，才華備受吳濁流、鍾肇政賞識。1968 年赴美定居，曾任北美臺灣文學研究會會長、北美臺灣客家公共事務協會會長，曾獲吳濁流文學獎、吳三連文藝獎、國家文藝獎等榮譽。著有《愛莎岡的女孩》、《楊梅三部曲》等小説。

新書發表會。

2019 年 5 月 28 日於鍾肇政家中。

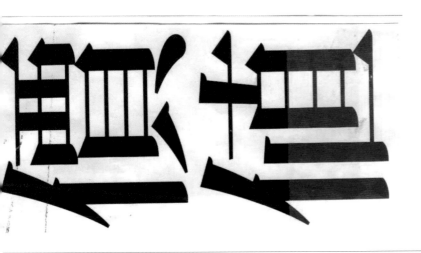

2019 年 5 月 21 日《活出愛：黃娟傳》新書發表會後與家人合照。

張 又 然

參觀 2019 桃園地景藝術節,在園區有美麗植物彩繪的房舍前留影。

現居桃園大溪。熱愛自然，工作室面對美麗的山色，並且迎向日出。四季景色變換不息。夢想走遍臺灣，探訪各地，發現美的事物。再用畫筆把對土地的感動與讚美，呈現在讀者眼前。從事繪本及插畫創作並側重生態關懷的議題。決定用一顆熱情的心，將遇到的每個動人事物，轉化成美麗的圖畫。

帶著一家人遊新竹鎮西堡長老教會見門口繡球花開得正漂亮，與小兒子洸益開心留影。

2018 年《藍色小洋裝》出版後，8 月在桃園市立圖書館新屋分館展出原畫，並辦理一個鳥面具 DIY 的工作坊。

作家

張英珉

在桃園虎頭山文化踏查。

桃園人，臺灣藝術大學應用媒體藝術研究所 MFA，文學與影音編劇創作者。曾獲鍾肇政長篇小說獎正獎，時報文學獎影視小說首獎等，近年以臺灣史地作為主要議題書寫發展，追求動人的故事呈現。

參加九歌現代少兒文學獎頒獎典禮後和女兒玩。

在玉山頂上拿著自己的骨董創作用筆記型電腦。

桃園人，臺灣藝術大學應用媒體藝術研究所 MFA，自由藝術工作者，主要從事新詩與影像詩創作。育有孩兒兩隻，出版詩集兩本：《站起來是瀑布，躺下是魚兒冰塊》、《大象班兒子，綿羊班女兒》。

創作中。

創作影像詩（繪製逐格動畫）。

賴 。 文誠

曾獲得中國文藝獎章、教育部文藝創作獎、聯合報宗教文學獎、吳濁流文學獎、好詩大家寫、臺灣詩學詩獎、金車現代詩網路徵文、鍾肇政文學獎、打狗鳳邑文學獎等七十餘項文學獎，作品入選各種重要詩選，著有《詩房景點》、《詩說新語》、《詩路》等詩集。

2013 年 11 月 16 日馬祖文學獎頒獎獨照。

2013 馬祖文學獎

馬祖‧人‧洋海

現代詩　佳作

賴文誠

〈風景便利商店〉

國立新竹教育大學碩士，作品屢刊載於各文學詩刊間。

曾獲得教育部文藝創作獎、《聯合報》宗教文學獎、吳濁流文學獎、好詩大家寫、彰化縣磺溪、南投縣玉山、屏東縣大武山、金門縣浯島、澎湖縣菊島、基隆市海洋、臺中市大墩、新竹市竹塹、花蓮縣文學獎、馬祖文學獎、新竹縣吳濁流文藝獎以及桃園縣兒童文學獎等文學獎現代詩獎項，作品入選二○一二年詩選，著有詩集《詩房景點》一書。

得獎感言

很幸運的，再次獲獎，內心之興奮無法言喻！

馬祖列島的壯闊美景與獨特的人文歷史詩像一間

by

2012 年桃園縣兒童文學創作獎頒獎典禮。

討論、反省、思考、互動

2017 年 11 月 30 日，與詩人鴻鴻對談創作。

鄧榮坤

故事，想像我們共同的未來……

文史踏查時，在台北中山堂留影。

89

得過一些文學、音樂獎，出過很多書。在新聞媒體（雜誌、出版、報紙、電視）闖蕩多年，也曾在教師、縣長祕書這一行，耽誤一些時間。換了很多工作，頭銜不少──鄧記者、鄧總編、鄧經理、鄧副總、鄧老師、鄧祕書……現為專職創作。

出席苗栗縣 107 年好客文學作家講堂啟動記者會。

報話。

榮獲客家童謠創作比賽第一名頒獎典禮。

應邀至玄奘大學演講。

態度
生活

鄭清茂

攝於家中。

臺灣嘉義縣人。1933 年生。普林斯頓大學東亞學博士。歷任臺灣大學、加州大學、麻州大學、東華大學等校教授。現為東華大學榮譽教授。著有《中國文學在日本》等書。譯有日本漢學著作包括吉川幸次郎《元雜劇研究》、小西甚一《日本文學史》，以及《平家物語》、松尾芭蕉《奧之細道》等多種。

與作家郝譽翔（左）、鄭愁予（右二）、楊牧（最右），後排曾郁雯（左）、林文義（右）聚會。

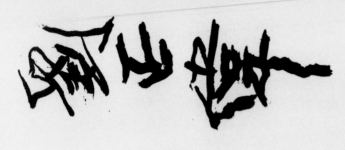

臺灣桃園人。佛光大學文學博士。著有《貓貓雨》、《早期藍星詩史》等十餘部詩或詩論。現為台客文化協會理事長、《台客》詩刊總編輯，現任大陸某大學副教授。獲獎：全國優秀青年詩人獎、國史館臺灣文獻館學術著作優等獎等。

2018 年 8 月 8 日在苗栗獅潭故鄉代言活動留影。

貓裏變身

劉正偉

貓裏的東邊，山脈丘陵連綿
原住民踩踏出狩獵小徑
先民們拓墾出古道、田園
清朝人、日本人都來過
走出一條日漸便捷的大道
蜿蜒，浪漫而傳奇的台三線

貓裏變身，山靜雲出
客庄啟藝，梨光燦爛
沿著，貫穿南北的省道
你將隨著豐美的水梨
春天的草莓，五月雪的桐花
一起上路，走向南南北北

94

2016 年 10 月 16 日桃園藝術嘉年華「台客肥皂箱朗誦會」在桃園市政府文化局廣場前舉辦。

參加 2016 濁水溪詩歌節。

臺北文學獎頒獎典禮看板前留影。

敷米漿。

本名姜泰宇，輔仁大學日文系畢業，著作十餘本小說。曾獲得金石堂年度暢銷男作家，入選誠品書店最愛一百小說。短篇作品《榻榻米的夏天》改編為公視電視電影《夏天的向日葵》。作品《洗車人家》獲得台北文學年金獎，現為專業洗車工。

97

窗外的景色轉移了
有點太長的中午

帶著狗去宜蘭發呆的日常。

國防大學演講後與同學合照。

香港中文大學演講。

鍾 怡雯

現任元智大學中語系教授兼系主任。著有散文集《河宴》、《垂釣睡眠》、《聽說》、《我和我豢養的宇宙》、《飄浮書房》、《野半島》、《陽光如此明媚》、《鍾怡雯精選集》、《麻雀樹》等；另有論文集多種，並主編多部選集。

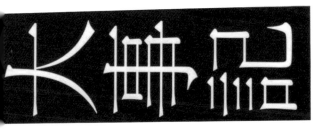

和第一、第二屆學生攝於麥當勞，
前排右一為陳大為。

101

正在醞釀中。

與外籍生聚餐於中壢舒果。

鍾肇政 作家

1925 年 1 月 20 日生於龍潭九座寮，2020 年 5 月 16 日辭世。20 歲前受日本教育，1945 年終戰後開始學習中文，並嘗試創作。1960 年代因小説《魯冰花》於文壇站穩腳步。一生致力於臺灣文學創作、推廣及提攜後進，並熱心參與推動客家運動。曾獲國家文藝獎特別貢獻獎、總統文化獎等獎項肯定其一生的奉獻。

燈下校稿。

硬頸精神。

三個老菸槍，與學者張良澤（左一）和兒子鍾延威（右一）。

新新浪潮

＜謝旺霖＞

就在那樣想的時候　竟突然亮起來了

就在開口那樣想的時候　竟突然亮起來了

也沒有燈

未有去過　低想那路

不之瞭解　就知何

非人所要

2018 年受邀 TED x taipei 演講。（照片提供：TED x Taipei）

大學雙主修政治、法律，研究所轉向文學，卻總是不務正業，經常背著背包，像流浪漢一樣，漫無目的地出走。曾獲雲門「流浪者計畫」獎助，因為流浪，開始邁出文字創作的生涯，並掀起一波青年世代壯遊的風潮。著有：《轉山》、《走河》。

2015 年雲門講座，在淡水雲門劇場。與兩位主講者：蔣勳（中）、席慕蓉（左一）。（照片提供：雲門基金會）

澎，

新活水

2004 年獲雲門「流浪者
計畫」獎助，單騎西藏
高原。越過西藏米拉山
口 5013 公尺。

蕭 蕭

兒童節生於桃園，天意注定和兒童有不解之緣。每天和孩子相處在一起，教書之餘，多半行走在臺灣各地推廣兒童文學／兒童戲劇，也曾至中國北京、上海、廣州、香港、澳門等地帶領相關工作坊。信奉兒童文學是「愛」的文學。

看戲的日常，在香港欣賞音樂劇《貓》。

策畫暨主持 2011 年 7 月 30 日「桃園兒童文學作家座談會──新舊世代的對話」。

2013 年「此刻的生活」插畫創作個展留影。

熊眠

薛 慧瑩。

現為自由插畫，兼及文字工作者，住在桃園龍潭，喜歡以人、植物、生活為創作的題材。《後院有兩棵蘋果樹》、《4 腳 +2 腿：Bravo 與我的 20 條散步路線》曾獲金蝶獎美術裝幀設計獎，文字與插畫作品有《大的小的》、《1 個媽媽 2 個頭大》、《阿茲海默先生》等。

2020 年在自家院子裡，和來福一起享受陽光。

2016 年《一起住在這裡真好》新書出版分享會高雄場。

詩人 靈歌

本名林智敏，野薑花詩社副社長，創世紀、臺灣詩學、乾坤詩社同仁。獲2017 吳濁流文學獎新詩正獎、61 屆中國文藝獎章（新詩類）、洪建全兒童文學獎。作品選入《2015 ～ 2018 臺灣詩選》。著有《破碎的完整》、《靈歌截句》、《漂流的透明書》等六本詩集。

於飛頁書餐廳。（陳舜仁攝影）

115

2020 年 1 月 4 日第六本詩集《破碎的完整》發表會，在紀州庵舉行，與會來賓合照。

文學

桃園作家日常

主　　　編／謝鴻文
版 面 設 計／許水富
合 作 單 位／桃園市立圖書館贊助出版
美 術 編 輯／申朗創意
企畫選書人／賈俊國

總 編 輯／賈俊國
副總編輯／蘇士尹
編　　　輯／高懿萩
行 銷 企 畫／張莉滎・蕭羽猜

發 行 人／何飛鵬
法 律 顧 問／元禾法律事務所王子文律師
出　　　版／布克文化出版事業部
　　　　　　台北市中山區民生東路二段 141 號 8 樓
　　　　　　電話：（02）2500-7008　傳真：（02）2502-7676
　　　　　　Email：sbooker.service@cite.com.tw
發　　　行／英屬蓋曼群島商家庭傳媒股份有限公司城邦分公司
　　　　　　台北市中山區民生東路二段 141 號 2 樓
　　　　　　書虫客服服務專線：（02）2500-7718；2500-7719
　　　　　　24 小時傳真專線：（02）2500-1990；2500-1991
　　　　　　劃撥帳號：19863813；戶名：書虫股份有限公司
　　　　　　讀者服務信箱：service@readingclub.com.tw
香港發行所／城邦（香港）出版集團有限公司
　　　　　　香港灣仔駱克道 193 號東超商業中心 1 樓
　　　　　　電話：+852-2508-6231　　傳真：+852-2578-9337
　　　　　　Email：hkcite@biznetvigator.com
馬新發行所／城邦（馬新）出版集團 Cité（M）Sdn. Bhd.
　　　　　　41, Jalan Radin Anum, Bandar Baru Sri Petaling,
　　　　　　57000 Kuala Lumpur, Malaysia
　　　　　　電話：+603- 9057-8822　　傳真：+603- 9057-6622
　　　　　　Email：cite@cite.com.my
印　　　刷／卡樂彩色製版印刷有限公司
初　　　版／2020 年 11 月
定　　　價／380 元
I S B N／978-986-5568-00-9

城邦讀書花園
www.cite.com.tw　布克文化 www.SBOOKER.COM.TW

嘹亮

文字

身影

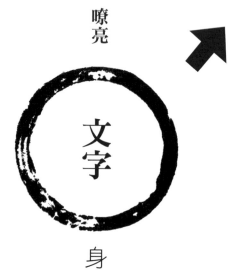

嘹亮

文字

身影

影